대한민국 임시정부는 1919년 4월 11일 중국 상하이에 정부를 수립했다.
하지만 일본의 탄압과 감시가 갈수록 심해지자
1932년 윤봉길 의사의 의거 후, 상하이를 떠날 수밖에 없었다.
임시정부가 1940년 충칭에 자리 잡을 때까지
8년간 이동한 길은 무려 2,500킬로미터에 이른다.

글쓴이 **문영숙**

〈푸른문학상〉〈문학동네어린이문학상〉을 수상하며 본격적으로 작품 활동을 시작했고,
현재 독립운동가최재형기념사업회 이사장을 하면서 글을 쓰고 있습니다.
역사그림책《독립운동가의 어머니 조마리아》《종이 신발》《매화꽃 편지》를 비롯해,
장편동화《무덤 속의 그림》《검은 바다》등을 썼습니다.

그린이 **정인성·천복주**

공동 작업을 하는 그림작가 부부입니다. 홍익대학교 판화과를 졸업했습니다.
판화, 펜화, 포토샵 등 여러 가지 기법을 이용하여 그림을 그리고 있습니다.
그린 책으로는《푸른 비단옷을 입은 책》《조선을 뒤흔든 두 번의 전쟁》
《나누고 돕는 마을 공동체 이야기》《통합 지식 100 세계 유적지》등이 있습니다.

표지와 본문 그림에 쓰인 **한국광복군 서명문 태극기**는
대원들이 서명과 글귀를 적은 것으로 지금은 독립기념관에 보관되어 있습니다.
2008년 대한민국 국가등록문화재 제389호로 등록되었습니다.

세상을 바꾼 그때 그곳으로 12
1940~1945년 한국
대한민국 임시정부 항일 독립 투쟁

나는 한국광복군이다

문영숙 글 정인성·천복주 그림

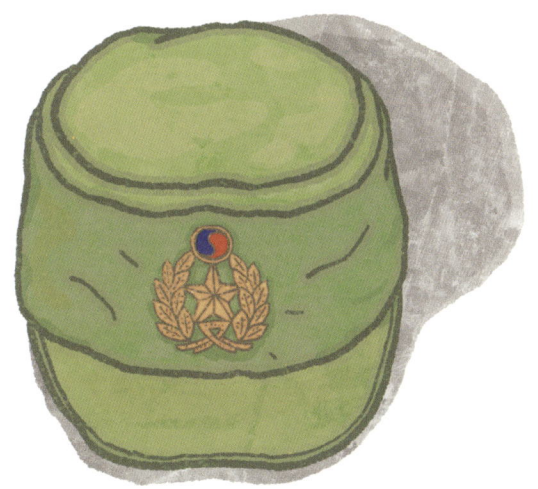

한울림어린이

1940년 4월 28일
계속 악몽을 꾼다.
검은 날개를 펼친 거대한 그림자는
아빠, 엄마, 삼촌, 이모, 누나, 형들을 잡아먹고
점점 커져서 나를 덮쳐 온다.

1940년 8월 25일
"충칭으로 떠날 준비를 해야겠소."
아빠 말에 쿵, 마음속에 커다란 바위가 내려앉은 듯했다.
또 이사를 해야 한다니….

우리 가족은 몇 년 사이에 계속 이사를 해야 했다.
길에서 먹고 자거나
폭격을 맞아 목숨을 잃을 뻔한 적도 있다.

우리 부모님은 임시정부에서 활동하는 독립운동가다.
나는 우리 부모님이 무척 자랑스럽다.
하지만 우리 가족은 일본군의 눈을 피해
신분을 속이고 살아야 한다.
이사도 자주 다녀서 나는 학교에 다닐 수 없고,
친구를 사귈 수도 없고, 밖에서 마음껏 뛰어놀 수도 없다.

1940년 9월 8일
오늘 아빠가 먼저 충칭으로 떠났다.
그곳에서 대한민국이 독립하는 날까지 싸울 거라고 했다.
"곧 만나자! 몸조심하고!"
우리가 다시 만날 수 있을까?
나는 불안한 마음을 꾹꾹 눌러 삼켰다.

대한민국이 독립을 하면
나는 한 번도 가 본 적 없는 우리나라에 갈 수 있겠지.
공습경보도, 총소리도, 일본군도 없이
마음껏 우리말을 쓰면서 친구들과 뛰어놀 수도 있겠지.

1940년 10월 17일
아빠에게서 기다리던 편지가 왔다.
한국광복군 이야기가 자세히 적혀 있었다.
한 달 전 광복군 창설 기념 행사가 열렸고,
각국 외교 사절, 정부 인사, 신문 기자들이
200여 명이나 참석했다고 했다.

* 한국광복진선청년공작대: 다양한 공연을 선보이며
독립자금을 마련하는 등의 일을 했으며 후에 광복군에 편입되었다.

마지막에는 한국광복진선청년공작대가
축하 공연을 펼쳐 큰 박수를 받았단다.
제복을 갖춰 입고 당당하게 서 있는 광복군을 보고
아빠는 가슴이 벅찼다고 했다.

금동에게

금동아! 너의 아버지란다. 너와 네 어머니
항상 바란다.
아버지는 충칭에 도착하여 집을 정
되었단다. 각지에서 모인 동지들과
가롱빈관에서 모이기로 했단다. 준비
국민당 임원들과 각국의 사절단
200여명이 모였단다.
우선 김구 주석님의 성례전립식
그리고 광복군들의 멋진 제복을
까지 네가 있었다면 분명 좋아해

1941년 3월 20일
드디어 엄마랑 나도 충칭에 왔다.
"우리 금동이 왔구나!"
반년 만에 듣는 아빠 목소리에 왈칵 눈물이 나왔다.
저녁을 먹고나서는 꿈도 꾸지 않고 깊은 잠을 잤다.
여기 온 다음부터는 신기하게도 악몽을 꾸지 않는다.

충칭은 바위산 꼭대기에 있어 천연요새라 불린다.
길이 험해서 마차도 올라오지 못하고
가을부터 겨울까지는 안개가 짙게 껴서 일본군 비행기도 오지 않는다.
그래서일까, 정말 여기 온 후로는 며칠째 공습경보가 울리지 않았다.

임시정부 청사에서 조금 떨어진 토교촌에는
우리 같은 한국인들이 모여 산다.
하천에 흙다리가 있어서 물놀이도 할 수 있고,
조그만 밭에는 채소를 심어 키울 수도 있다.
넓은 공터에서는 광복군 형들이 훈련을 한다.

여기서는 학교에 다닐 수도 있다.
나는 충칭이 무척 마음에 든다.

1941년 7월 5일
무더운 여름이다.
나는 학교를 마치면 엄마 일손을 돕기도 하고,
친구들과 토교천에서 물장구를 치기도 한다.
하지만 광복군 형들의 훈련은 멈출 줄 모른다.
나는 가끔 멀리서 그 모습을 바라보곤 한다.
조금 더 크면 나도 형들과 함께
훈련을 받을 수 있겠지?

1941년 9월 30일

정말 속상한 날이다.

"중국에 빌어먹는 왕궈누 주제에."

평소에도 잘난 척하기 좋아하는 첸이 말했다.

왕궈누는 '망한 나라의 노예'라는 뜻이다.

"대한민국은 망하지 않았어! 정부도 있다고!"

나는 발끈해서 소리쳤다.

"그럼 왜 중국에 얹혀 사냐? 당장 너네 나라로 돌아가!"

그 순간 갑자기 힘이 쭉 빠졌다.

나에겐 당장 돌아갈 나라가 없다.

서럽고 억울하고 답답한 마음에 눈물이 났다.

1941년 11월 10일

중국은 일본과 4년째 전쟁 중이다.

얼마 전 충칭도 일본군의 공격을 받아 수많은 사람들이 죽고 다쳤다.

부모, 형제를 잃은 소식에 학교 전체가 슬픔에 빠진 것 같다.

언제까지 이 잔인한 전쟁이 계속될까?

우리나라에서는 젊은 사람들이 강제로 군대와 탄광 등으로 끌려가고,
쌀 한 톨까지 빼앗겨 굶주리는 사람이 넘쳐난다고 한다.

이 끔찍한 전쟁을 끝내려면 난 무얼 해야 할까?

1941년 12월 10일

오늘 대한민국 임시정부가 일본에 선전포고를 했다.
"사흘 전에 일본이 미국 진주만을 공격하면서
미국도 연합국으로 참전했다는구나.
선전포고를 했으니 이제 대한민국도 연합국으로 참전한 거야.
연합군이 승리하면 대한민국도 독립할 수 있단다!"
아빠는 기쁜 마음에 목소리가 한껏 들떠 있었다.

우리에겐 한국광복군이 있다.
나는 우리 광복군이 연합군과 힘을 합쳐 싸운다면
반드시 일본을 물리칠 거라고 믿는다.

大韓民國臨時政府對日宣戰
吾人代表三千萬韓人及政府
及其他諸國之對日宣戰,以其
東亞之最有效手段,茲特聲明如下
人民現已參加反侵畧陣線,為一個戰鬪單位
輊心國宣戰,二重視宣佈無效
及一切不平等條約,並尊重反侵畧
理的旣得權益,三,為完全驅
西太平洋起見,血戰至最後勝利
卵翼下所造成之長春及南京政權,四,堅決主
宣言各條,為實現韓國獨立而適用因此特
主陣線之最後勝利。

1942년 3월 28일
"희영 누나, 희옥 누나!"
오랜만에 누나들을 만났다.
광복진선청년공작대로 활동했던 누나들은
지난해부터 광복군에 편입되었다.

반가운 마음에 나는 누나들에게 큰소리를 쳤다.
"나도 곧 광복군이 될 거야. 누나들, 기다려!"
"좋지. 그럼 힘차게 군가 한 번 불러 볼까?"

신대한의 독립군의 백만용사야
조국의 부르심을 네가 아느냐

1943년 2월 18일
광복군이 되겠다고 일본 부대에서 탈출해
임시정부를 찾아오는 학도병들이 늘고 있다.
오늘은 특별히 학도병들을 환영하는 자리가 마련되었다.
"우리는 목숨을 걸고 몇 달 동안 수천 리 길을 걸어
광복군이 되기 위해 여기 왔습니다.
한국인으로서 태극기를 달고
조국의 독립을 위해 싸우고 싶기 때문입니다.
이곳에 도착해 태극기를 본 순간, 왈칵 눈물이 솟았습니다.
빼앗긴 조국에서는 태극기를 볼 수 없었기 때문입니다…."
어느 학도병의 이야기를 듣고 모두가 울음을 터뜨렸다.

1943년 5월 20일

광복군 규모는 점점 커지고 있었다.

만주와 연해주 등에 살고 있는 한국인들은 물론,

조선의용대, 한국독립군 등 중국에서 활동하던 무장 단체들도 광복군에 합류했다.

"한국광복군은 이제 누구나 인정하는 대한민국 임시정부의 정식 군대란다."

아빠 얼굴은 기대감과 기쁨으로 빛나고 있었다.

나도 어서 빨리 한국광복군이 되고 싶다.

마음이 급해졌다.

1943년 8월 15일
아빠를 만나러 임시정부 청사에 갔다가
주석님과 인사하며 차에 오르는 광복군과 마주쳤다.
연합군의 요청을 받아 영국군과 함께
작전을 수행하러 간다고 했다.
형들의 얼굴이 몹시 비장해 보였다.

나는 존경과 감사의 마음을 담아 경례를 했다.
"다음에는 광복군 김금동으로 만나겠습니다!"
"그래, 다음엔 광복군으로 만나자!"
형들은 진지한 얼굴로 경례를 받아 주었다.
나는 광복군 형들의 모습이 보이지 않을 때까지
그 자리에 서 있었다.

나가! 나가! 싸우러 나가!
나가! 나가! 싸우러 나가!
독립문의 자유종이 울릴 때까지
싸우러 나가세!

나는 한국광복군이다!

1945년 광복군은 미국 첩보국 OSS 부대와 함께
한미연합 국내 진공 작전을 계획했다.
하지만 작전 시행 이틀 전 일본이 항복하면서 작전은 취소되었다.

"이(일본 항복) 소식은 내게 희소식이라기보다는
하늘이 무너지고 땅이 꺼지는 일이었다.
수년 동안 애를 써서 준비한 것도 모두 허사로 돌아가고 말았다."
- 김구, 《백범일지》 중에서

1945년 8월 15일, 대한민국은 광복을 맞이했다.

한국광복군, 대한민국 임시정부 군대

우리 대한국민은 3·1운동으로 건립된 대한민국 임시정부의 법통을 계승하고…
— 『대한민국 헌법』 전문 일부

우리나라 정부는 대한민국 임시정부에서부터 시작되었어요.
1919년 중국 상하이에 수립된 임시정부는 활발한 외교 활동, 의열 활동,
군사 활동을 전개하며 항일 독립 투쟁을 이끌었어요.
무엇보다 한국광복군을 양성해 연합군과 함께 항일 전쟁에 참가했죠.
한국광복군의 존재는 대한민국이 일본에 맞서 싸운 주체국임을 증명하는 자랑스러운 역사랍니다.

한국광복군의 창설

1940년 9월 17일, 한국광복군 총사령부가 만들어졌어요.
이 사실을 알리는 '한국광복군 성립전례식'에는 여러 나라 외교 사절단과
정치인, 기자 등 200여 명이 참석했어요.
이후 한국광복군은 활발한 모집 활동과 선전 활동으로 대한민국 청년들을 모았어요.
일본군에 강제 징용된 한국인들, 만주와 연해주 등에서 활동하는 독립군,
일본의 이민 정책으로 중국으로 이주한 한국인 들이 속속 모여들면서
30여 명으로 시작된 한국광복군은 2년여 만에 500여 명으로,
해방이 되던 1945년 8월에는 700여 명으로 늘어났어요.

한국광복군 활동

한국광복군은 중국군과 협동해 일본군을 상대로 유격전을 펼치는 한편,
일본이 점령한 지역에 침투해 지하 공작을 전개했어요.
1941년 12월 7일, 일본이 미국령인 하와이 진주만을 공격하면서 태평양전쟁이 일어나자,
12월 10일, 대한민국 임시정부는 대일선전포고를 발표했어요.
대한민국도 연합국의 일원으로 전쟁에 참여하겠다는 선언이었죠.
1943년에는 영국군의 요청으로 광복군이 인도-미얀마 전선에 파견되었어요.
1944년 10월부터 한국광복군은 OSS(오늘날의 CIA)와 함께
국내 진공 작전을 준비했어요. 일명 독수리작전이었죠.
하지만 작전 시행을 이틀 앞둔 8월 15일,
일본이 무조건 항복을 선언하면서 작전이 취소되었어요.
광복 후인 1945년 10월 10일에는 중국 난징에서 열린 연합국 승전식에 참가했어요.
전투에 참가한 모든 부대가 참가하는 열병식에서 한국광복군은 커다란 깃발을 들고 있었죠.
중국 신문 〈소탕보〉는 "한국광복군이 큰 깃발을 흔들고 있는 모습이 눈길을 끌었다.
열병식에 참여한 광복군 특파단장은 큰 자신감을 드러냈다."(1945.10.18 기사)며
현장의 분위기를 전했어요.

한국광복군, 국군의 뿌리가 되다

해방된 대한민국에서는 군대를 양성하기 위한 창군 작업이 시작되고 있었어요.
미군정은 육군사관학교, 조선경비사관학교를 세우고 생도들을 모집했죠.
사관학교를 졸업한 한국광복군들은 우리나라 국군이 만들어지는 데 중요한 역할들을 담당했답니다.
한국광복군을 이끌던 이범석 장군은 1948년 수립된 대한민국 정부에서
초대 국무총리로 선출되고 초대 국방부 장관을 겸직했으며,
한국광복군 제2지대 제1구대장으로 활동한 안춘생 장군은
해방 후 대한민국 육군 중장으로 활약했어요.
나라의 주권을 되찾고, 국민을 지켜내기 위해 목숨 걸고 싸운 한국광복군의 구국 정신은
대한민국 국군이 만들어지는 뿌리가 되어 오늘날까지 이어지고 있어요.

"조국의 독립을 위해 맞서 싸웠던 독립군과 광복군이
바로 대한민국 국군의 뿌리이자 근간입니다"
이재명 대통령, 국군의 날 기념사 중에서(2025. 10. 1)

민주시민으로서 꼭 기억해야 할 일

우리나라 국가보훈부는 한국광복군을 1910년대 의병 항쟁과
1930년대 한중 연합 부대의 항일 전통을 계승하고
근대적 군사 조직의 형태를 갖춘 체계적인 정규군으로 지정하고 있어요.
1942년 대일선전포고 이후 1945년 해방을 맞이하기까지,
한국광복군이 연합군과 수행한 작전과 협력의 기록들은
우리나라가 주체적으로 항일 투쟁을 해 온 주체이자
연합국 승리를 이끈 주역이었다는 사실을 말해 주고 있죠.
대한민국의 광복은 연합군의 선물이 아니에요.
1만여 명의 독립군과 광복군들이 목숨을 바쳐 일궈 낸 피와 희생의 역사죠.
1946년 5월 16일에 발표된 광복군 복원선언문에는
"30여 년간의 항일 투쟁으로 희생된 동지는 만 명을 헤아린다"고 적혀 있어요.
우리나라의 독립과 국민의 안전을 위해 목숨을 바친 한국광복군이 있었기에
지금의 우리가 독립된 나라에서 자유롭게 살아갈 수 있음을 기억해야 해요.
선열들의 피와 희생, 이들이 남긴 숭고한 정신을 기억하고
역사를 바로 세우는 일은 대한민국에서 살아가는 민주시민으로서
우리가 반드시 해야 할 일입니다.

세상을 바꾼 그때 그곳으로 시리즈

❶ 엄마의 꿈, 딸의 꿈   1965년 프랑스 여성노동권
❷ 버스 타기를 거부합니다   1955년 미국 인종차별반대운동
❸ 아빠, 구름 위에서 만나요   1942년 폴란드 나치의 유대인 학살
❹ 베를린 장벽이 무너진 날   1989년 독일 통일의 첫걸음
❺ 게르니카, 반전을 외치다   1937년 스페인 게르니카 시민학살
❻ 소금 행진과 간디   1930년 인도 비폭력 저항운동
❼ 오월의 주먹밥   1980년 한국 5·18 민주화 운동
❽ 바다가 검은 기름으로 덮인 날   2007년 한국 태안 기름 유출
❾ 하마터면 한글이 없어질 뻔했어!   1443~1446년 한국 훈민정음 창제부터 반포까지
❿ 다랑쉬굴 아이   1948년 한국 제주 4·3 민주항쟁
⓫ 여순에 핀 빨간 봉선화   1948년 한국 10·19 여순항쟁